Die Effekte von wahrgenommener Diversität auf Gruppenprozesse und Gruppenleistungen

STUDIENARBEIT: KONSTRUKTE DER DIVERSITÄT, THEORIEN UND CE-MODELL

VON JARNO BECKENBAUER

STUDIENARBEIT

UNIVERSITÄT ZÜRICH

1

ISBN: 1517249538
ISBN-13: 978-1517249533

Inhalt

1. Abstract 5

2. Einleitung 6

3. Konstrukte der Diversität, Theorien und CE-Modell 8

3.1. Unterschiedliche Diversitätsdimensionen 8

3.1.1. Definition von Diversität 8

3.1.2. Ebenen der Diversität 9

3.2. Theorien zur Wirkung der Diversitäten auf
Gruppenprozesse und -leistung 10

3.2.1. Soziale Kategorisierungsperspektive 11

3.2.2. Informationsrelevante und meinungsbildende
Perspektive 12

3.3. Integratives Modell nach van Knippenberg 13

3.3.1. Kritik an bisheriger Forschung 13

3.3.2. Categorization-elaboration model................................14

4. Die Wahrnehmung der Diversität und deren Effekte 16

4.1. Zeit und Diversität..16

4.1.1. Zwei Diversitätsdimensionen und Zeit................................17

4.1.2. Aktuelle und wahrgenommene Diversitätsdimensionen....21

4.2. Einschätzung der Diversität und deren Einfluss auf
Prozesse in Gruppen 24

4.2.1. Beurteilung und Differenzierung der Diversität durch Versuchspersonen..24

4.2.2. Einfluss der Einstellung gegenüber Diversität....................28

4.3.   Persönlichkeitsmerkmale und Diversität 32

4.3.1. Extraversion, Neurotizismus und Verträglichkeit 32

4.3.2. Offenheit gegenüber Diversität 35

4.4.   Aufgabentyp und Diversität..40

4.4.1. Interdependenz der Gruppenarbeit und Diversität............41

5.   Diskussion 44

6.   Literaturverzeichnis 48

1. Abstract

In der vorliegenden Literaturarbeit wird der Frage nachgegangen, welche Effekte durch die Wahrnehmung von Diversität auf Prozesse in Gruppen und Gruppenleistung ausgelöst werden können. Im ersten Teil werden aktuelle Theorien und Perspektiven zu Diversität vorgestellt, welche in den zweiten Teil der Arbeit integriert und in Bezug gesetzt werden. Im zweiten Teil werden somit Studien vorgestellt und mit den zuvor beschriebenen Theorien zur Diversität vernetzt. Dabei werden die Zusammenhänge zwischen der Zeit, der Einschätzung der Diversität durch die Versuchspersonen, den Persönlichkeitsmerkmalen sowie dem Aufgabentyp und der Diversität aufgezeigt. Zum Schluss folgt eine Zusammenfassung der Befunde sowie kritische Analyse derer. Die Zusammenfassung gibt einen Überblick über die bedeutendsten Resultate. Zudem werden die Befunde kritisch hinterfragt. Offene Forschungsfragen werden formuliert und weitere Forschungsansätze diskutiert.

2. Einleitung

Durch die Globalisierung arbeiten immer mehr Menschen in heterogenen Gruppen zusammen. Somit finden sich Menschen unterschiedlichen Geschlechts, Alters, kultureller Herkunft, Glaubensorientierungen oder Bildung in Arbeitsgruppen wieder, um beispielsweise gemeinsam Gruppenaufgaben zu bearbeiten und zu lösen. Diese interdisziplinäre Zusammenarbeit kann je nach situativen und strukturellen Bedingungen kreativ, konstruktiv und effizient, genauso aber ineffizient und destruktiv ausfallen. Demnach ist Diversität in Arbeitsgruppen und deren Wirkung auf Prozesse in Gruppen und die Gruppenleistung von hoher Aktualität, man bedenke, dass wir uns im Zeitalter der Leistungsoptimierung befinden.

Studiert und analysiert man die Resultate unterschiedlicher Studien zum Thema Gruppendiversität, Gruppenprozesse und Gruppenleistung, wird ersichtlich, dass sich die Diversität je nach Studie, positiv oder negativ auf Gruppenprozesse und die Gruppenleistung auswirken kann. Auf Grund dieser ambivalenten Ergebnisse weisen einige Autoren darauf hin, dass neu die Wahrnehmung oder eben Nichtwahrnehmung von Diversität Einfluss auf Gruppenprozesse und die Gruppenleistung nehmen können. Um die vielschichtige Einflussnahme der Wahrnehmung von Diversität erfassen zu können, werden folgende Fragestellungen in der vorliegenden Literaturarbeit bearbeitet:

1. Welchen Einfluss nimmt der Faktor Zeit auf die Wahrnehmung von Diversität auf Gruppenprozesse und die Gruppenleitung?

2. Welchen Einfluss übt die Einstellung und Beurteilung von Diversität auf Prozesse in Gruppen aus?

3. Wie beeinflussen Persönlichkeitsmerkmale die Wahrnehmung von Gruppendiversität, Prozesse in Gruppen und die Gruppenleistung?

4. Welche Auswirkungen zeigen sich bezüglich des Aufgabentyps auf die Wahrnehmung von Diversität und Gruppenprozesse?

Um die Diversität als Konstrukt und ihren Einfluss auf Prozesse in Arbeitsgruppen und deren Leistung besser erfassen zu können, werden im ersten Teil dieser Arbeit unterschiedliche Perspektiven und Theorien zur Diversitätsforschung, sowie das categorization-elaboration model (CEM) von van Knippenberg, de Dreu & Homan (2004) vorgestellt.

Im nachfolgenden Teil dieser Literaturarbeit wird einen Überblick geschaffen, welchen Einfluss die unterschiedlichen Diversitäten auf Gruppenprozess sowie die Gruppenleistungen nehmen können. Zudem werden in der vorliegenden Arbeit Studien vorgestellt, welche sich mit dem Einfluss von Persönlichkeitsmerkmalen auf Gruppenprozesse und -leistungen auseinandersetzen. Ebenso wird in dieser Literaturarbeit geklärt, welchen Einfluss Überzeugungssysteme zum Thema Diversität und eine daraus resultierende Bewertung dieser, Einfluss auf Gruppenprozesse ausüben können. Wie zuvor erwähnt, geht man in der aktuellen Literatur davon aus, dass einerseits unterschiedliche Diversitätsdimensionen existieren, welche sich zudem zeitlich in ihrer Saliez unterscheiden und demnach unterschiedlichen Einfluss auf Prozesse in Gruppen nehmen. Aufgrund dessen werden Studien zum Thema Zeit und Diversität vorgestellt und erläutert.

Im letzten Teil der Literaturarbeit werden die Befunde zusammengefasst, interpretiert und kritisch hinterfragt. Zudem werden weitere mögliche Forschungsfragen formuliert.

3. Konstrukte der Diversität, Theorien und CE-Modell

In diesem Kapitel wird Diversität als Konstrukt definiert sowie in verschiedene Dimensionen aufgeteilt und beschrieben. Zusätzlich werden grundlegende Theorien zur Diversität erläutert, welche zum Schluss in ein Modell integriert werden. Es wird somit einen Überblick zu Diversität geschaffen, welcher dem Verständnis der folgenden Kapitel dient.

3.1. Unterschiedliche Diversitätsdimensionen
3.1.1. Definition von Diversität

Unter Diversität wird die Unterschiedlichkeit oder Vielfalt von Individuen verstanden. Dabei unterscheiden sich Menschen bezüglich verschiedener Dimensionen. Ausprägungen der Diversität lassen sich beispielsweise auf den Ebenen des Geschlechts oder des Alters, der Religiosität, der Nationalität, der politischen Einstellung oder der sexuellen Orientierung aufzeigen. Demnach unterscheiden sich die Diversitätcharakteristika in ihrem Ausmass an Salienz. Im Verlaufe der Forschung zur Diversität hat sich gezeigt, dass Diversität in zwei Hauptdimensionen aufgeteilt werden kann, welche folglich beschrieben werden (vgl. van Knippenberg et al., 2004, S.1008).

3.1.2. Ebenen der Diversität

Psychologische Diversität

Psychologische Diversität oder auch deep-level Diversität sind personenbezogene latente Charakteristika wie Persönlichkeitsmerkmale, Einstellungen und Werte. Diese Charakteristika zeigen sich erst durch die Interaktion zwischen Menschen mittels verbaler und nonverbaler Kommunikation oder durch andere gezeigte Verhaltensweisen. Als Beispiel für die deep-level Diversität ist Extraversion zu nennen (vgl. Harrison, Price, Gavin & Florey, 2002, S.1031).

Informationsbezogene/ fachliche Diversität

Die zweite Dimension bezieht sich auf Ausprägungen, wie beispielsweise Bildung oder Arbeitsstil und damit in Verbindung stehende Assoziationen wie Status und Kompetenz. Durch die Wahrnehmung dieser nicht sichtbaren, sondern durch Kommunikation und Interaktion erfahrbaren Charakteristika, kann das Bewusstwerden der Unterschiedlichkeit zwischen einem Individuum und seinem Umfeld ausgelöst werden[1] (vgl. Harrison et al., 2002, S.1031).

---

[1] Es ist zu erwähnen, dass die im zweiten Teil vorgestellten Studien sowohl informationsbezogene/ fachliche Diversität als auch psychologische Diversität als deep-level Diversität verstehen

Soziale Kategorisierungsdiversität

Unter der sozialen Kategorisierungsdiversität, auch surface-level Diversität genannt (vgl. Harrison et al., 2002, S.1031), versteht man die mehrheitlich sichtbare Unterschiedlichkeit zwischen Menschen. Zu dieser Art von Diversität zählen hauptsächlich demographische Charakteristika wie etwa Geschlecht, Alter und Volkszugehörigkeit (vgl. van Knippenberg et al., 2004, S.1008).

3.2. Theorien zur Wirkung der Diversitäten auf Gruppenprozesse und -leistung

Bezüglich der Arbeitsgruppendiversität und der daraus resultierenden Gruppenleistung, werden zwei Perspektiven in Zusammenhang mit Diversität näher beschrieben. Es handelt sich einerseits um die Perspektive der sozialen Kategorisierung, welche den Fokus auf rationale Aspekte richtet, und andererseits um die informationsrelevante und meinungsbildende Perspektive, die den Schwerpunkt auf Prozesse innerhalb der Gruppe legt. Die nun folgenden Unterkapitel erläutern diese Zusammenhänge detaillierter (vgl. van Knippenberg et al., 2004, S.1009).

3.2.1. Soziale Kategorisierungsperspektive

Unter dem Überbegriff soziale Kategorisierungsperspektive versteht man den Prozess der Kategorisierung von Individuen in zwei Gruppen; in die Gruppe des Selbst und in die Gruppe der andern, anhand von wahrgenommenen Ähnlichkeiten und Unterschiedlichkeiten. Menschen tendieren dazu, die so genannte in-group (die Gruppe, zu welcher man sich zugehörig fühlt) zu bevorzugen und ihr eher zu vertrauen als der out-group (die Gruppe, von welcher man sich abgrenzt). Je homogener demnach eine Gruppe zusammengesetzt ist, desto mehr Zustimmung und Kohäsion und desto weniger Gruppenkonflikte treten auf. Laut der sozialen Kategorisierungsperspektive zeigen demnach homogene Gruppen eine besser Gruppenleistung, als heterogenen Gruppe (vgl. van Knippenberg et al., 2004, S.1009). Somit stehen Theorien, wie die der sozialen Identität (Tajfel, 1978), die der Similarity-Attraction (Byrne, 1971) oder die der Selbstkategorisierung (Turner, 1982) in einem engen Zusammenhang mit der sozialen Kategorisierungsperspektive. Die Gemeinsamkeit dieser Theorien besteht in der Annahme, dass Gruppenmitglieder dazu tendieren, Personen, welche ihnen unähnlich sind, weniger ins Team zu integrieren und sie negativer zu bewerten, als ihnen ähnliche Gruppenmitglieder (vgl. Harrison et al., 2002, S.1031).

3.2.2. Informationsrelevante und meinungsbildende Perspektive

Die informationsrelevante und meinungsbildende Perspektive geht von einer entgegengesetzten Annahme aus. Sie behauptet, dass eine ausgeprägte Heterogenität innerhalb einer Gruppe zu einer besseren Gruppenleistung führt, im Vergleich zu einer homogenen Gruppe. Dies bedeutet, je heterogener die Zusammensetzung einer Gruppe ist, desto mehr Wissen und Fähigkeiten sind für die Gruppe verfügbar, welche für die Bearbeitung der Gruppenaufgabe von Nutzen sind. Somit verfügt sie über eine weite Bandbreite an Ressourcen. Zudem kann von einer tieferen Informationsverarbeitung ausgegangen werden, da sich die unterschiedlichen Gruppenmitglieder nicht von Beginn an einig sein werden. Sie müssen sich gegenseitig von ihrem unterschiedlichen Wissen überzeugen, bis ein Konsens gefunden wird. Durch die tiefere Informationsverarbeitung werden zudem kreativere sowie innovativere Ideen und Lösungen zusammengetragen (vgl. van Knippenberg et al., 2004, S.1009).

Diese zwei gegensätzlichen Perspektiven machen deutlich, dass Gruppendiversität je nach Perspektive und Ansatz, zu einer erhöhten oder geringeren Gruppenleistung führen kann. Diversität kann die Gruppenleistung negativ beeinflussen, da sich die Unterschiedlichkeit ungünstig auf die Prozesse innerhalb der Gruppe auswirken kann, ausgelöst zum Beispiel durch eine niedrige Gruppenkohäsion. Parallel dazu kann aber eine vielfältige Gruppenzusammensetzung zu einer Ressourcensteigerung führen und somit die Gruppenleistung verbessern. Gerade weil diese

13

positiven und negativen Prozesse parallel auftreten, ist es schwierig, die Effekte der Diversität aufzudecken und zuzuordnen.

3.3. Integratives Modell nach van Knippenberg

3.3.1. Kritik an bisheriger Forschung

Da bisher keine zufriedenstellende Integration beider Diversitätstypen geglückt war und die Ergebnisse stets inkonsistent ausfielen, schlagen van Knippenberg et al. (2004) das categorization-elaboration model (CEM) vor. Das CEM bezieht die informationsrelevante und meinungsbildende Perspektive sowie die soziale Kategorisierungsperspektive mit ein. Laut van Knippenberg et al. (2004) wurde einerseits Informationsprozesse innerhalb von Gruppen, sowie Moderatoren, welche die Informationsprozesse beeinflussen, vernachlässigt und andererseits die Prozesse der sozialen Kategorisierung zu einfach dargestellt. So wurden moderierende Variablen zwischen der sozialen Kategorisierung und der Diversität nahezu ignoriert. Zudem wurden die informationsrelevanten und meinungsbildenden Prozesse, sowie die sozialen Kategorisierung Prozesse isoliert betrachtet, anstatt von einer gegenseitigen Beeinflussung, sprich von einem dyadischen System, auszugehen. Im Kapitel 2.2 wurde davon ausgegangen, dass jeder Diversitätstyp einen bestimmten Prozess anhand spezifischer Charakteristika auslöst. Van Knippenberg et al. (2004) schlagen vor, dass jede Dimension von Diversität sowohl soziale Kategorisierungsprozesse, als auch Prozesse auf der informations- relevanten und meinungsbildenden Ebene auslösen können (vgl. van Knippenberg et al., 2004, S.1009f.).

3.3.2. Categorization-elaboration model

Das Modell der Kategorisierung und Elaboration (vgl. Abbildung 1) geht davon aus, dass eine erhöhte Gruppendiversität zu einer differenzierteren Elaboration von aufgabenrelevanten Informationen und Gesichtspunkten führen kann, da durch die Gruppendiversität vermehrt Diskussionen angeregt werden, ein breitflächigeres Wissen vorhanden ist und somit unterschiedliche Ideen und Perspektiven in die Gruppenarbeit einfliessen. Diese positiven Effekte wirken sich wiederum günstig auf Kreativität, Innovation und Entscheidungen aus und erhöhen somit die Gruppenleistung (vgl. van Knippenberg et al., 2004, S.1010f.).

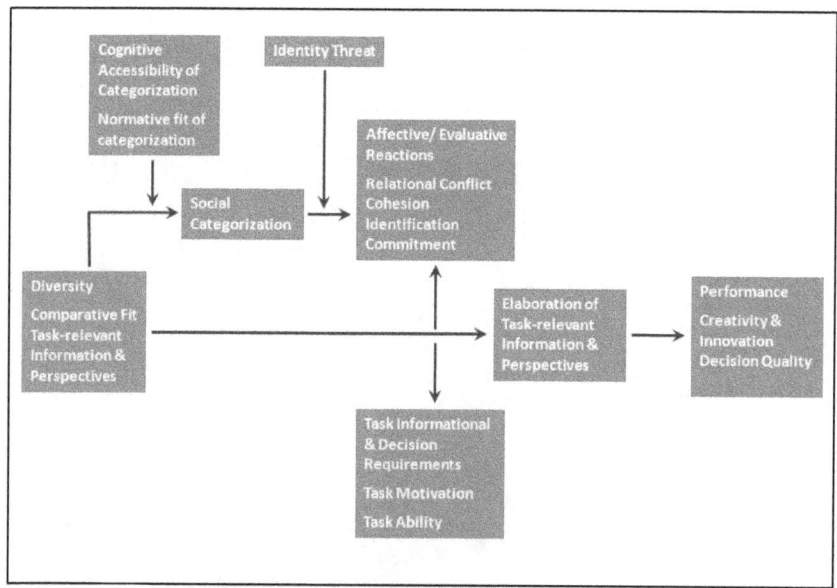

Abb. 1: CEM der Arbeitsgruppendiversität und der
Gruppenleistung

Quelle: van Knippenberg et al., 2004, S.1010

Zudem moderieren Variablen die Beziehung zwischen Diversität und Elaboration. Eine hohe Motivation und eine hohe Fähigkeit zur Aufgabenlösung wirken positiv auf die Elaboration von aufgabenrelevanten Informationen und Perspektiven aus. Die Verarbeitungstiefe der Informationen, sowie Komponenten der Entscheidungsbildung für die Gruppenaufgabe können als Mediatoren zwischen Diversität und Elaboration diene (ebd.).

Die Perspektive der sozialen Kategorisierung wurde ebenfalls in das Modell integriert. Die Ausprägung der sozialen Kategorisierung hängt von drei Faktoren ab: die kognitive Zugänglichkeit von Kategorisierungen, die normative sowie die komparative Übereinstimmung. Die kognitive Zugänglichkeit von Kategorisierungen verweist darauf, wie einfach oder erschwert der Kategorisierungsprozess aufgrund der Unterschiedlichkeit (zum Beispiel Mann und Frau) ausgelöst werden kann. Die normative Übereinstimmung zeigt auf, inwiefern die Kategorisierung für die ganze Gruppe von Bedeutung ist. Unter dem Begriff der komparativen Übereinstimmung versteht man die Generierung von Subgruppen durch die Kategorisierung, welche die Intergruppenunterschiedlichkeit und die Ähnlichkeiten innerhalb der Gruppe hervorheben. Die soziale Kategorisierung ist dabei nicht mit Intergruppenverzerrungen gleichzusetzen. Es sind die Intergruppenverzerrungen, welche die Gruppenleistung verzerren können und nicht der Prozess der sozialen Kategorisierung. Als ein möglicher Hauptfaktor für die Entstehung von Intergruppenverzerrungen ist eine Bedrohung der eigenen Subgruppenidentität zu nennen (ebd.).

In diesem Modell werden nebst den unterschiedlichen Diversitätsdimensionen auch Moderatoren und Mediatoren benannt, welche Gruppenprozesse und Gruppenleistung beeinflussen können. Das categorization-elaboration model bietet demnach einen Überblick über die verschiedenen Einflussfaktoren, welche in Zusammenhang mit Diversität, Prozesse in Gruppen und Gruppenleistung stehen.

4. Die Wahrnehmung der Diversität und deren Effekte

Im folgenden Kapitel werden Studien vorgestellt, in welchen der Zusammenhang zwischen der Zeit, der Einschätzung der Diversität durch Probanden, den Persönlichkeitsmerkmalen, sowie dem Aufgabentyp und der Diversität untersucht wurde.

4.1. Zeit und Diversität

Je nach Diversitätslevel werden Unterschiedlichkeiten in einer Arbeitsgruppe von Beginn an wahrgenommen, da sie hoch salient sind (zum Beispiel das Geschlecht), oder aber es benötigt einen gewissen Zeitraum, bis die Unterschiedlichkeiten salient und demnach wahrgenommen werden können (beispielsweis der Arbeitsstil). Somit ist die Diversität an die Zeit gekoppelt. Es wird nun der Fragen nachgegangen, ob die Einflüsse der unterschiedlichen Diversitäten über die Zeit hinweg variieren.

4.1.1. Zwei Diversitätsdimensionen und Zeit

<u>Überblick</u>

In der Studie von Zellmer-Bruhn, Maloney, Bhappu und Salvador (2008) wurde untersucht, welchen Einfluss die unterschiedlichen Diversitätsdimensionen im Verlaufe eines gewissen Zeitraumes auf die Versuchspersonen haben können. Um dies zu erforschen, wurde die von den Probanden wahrgenommene Ähnlichkeit der Gruppenmitglieder gemessen. Die wahrgenommene Ähnlichkeit und die wahrgenommene Diversität wurden in zwei Dimensionen aufgeteilt. Das Ziel war dabei, sowohl die Perspektive der sozialen Kategorisierung, als auch die der informationsrelevanten und meinungsbildenden, in die Untersuchung zu integrieren. Die wahrgenommene Ähnlichkeit wurde in die Ebenen Arbeitsstil und soziale Kategorisierung aufgeteilt. Die Diversität wurde in die Dimensionen der informationalen Diversität sowie die Dimension der sozialen Kategorisierung Diversität unterteilt[2]. Nebst der wahrgenommenen Ähnlichkeit und Diversität, wurden Einflussfaktoren wie Konflikt und Informationsaustausch erhoben. Zudem wurde untersucht, ob sich innerhalb der Teams Subgruppen bilden (vgl. Zellmer-Bruhn et al., 2008, S.41).

Um Informationen zu wahrgenommener Ähnlichkeit, zu Konflikten, zum Informationsaustausch und der Subgruppenbildung zu erhalten, wurden Vollzeitstudenten in Gruppen eingeteilt, um mit dieser Gruppe das Studium zu bewältigen. Während drei Jahren wurden die Probanden zu

---

[2]vgl. Kapitel 2.1.2

jeweils drei Messzeitpunkten befragt. Abbildung 2 zeigt den Ablauf der Studie und die Hypothesen (vgl. Zellmer-Bruhn et al., 2008, S.47).

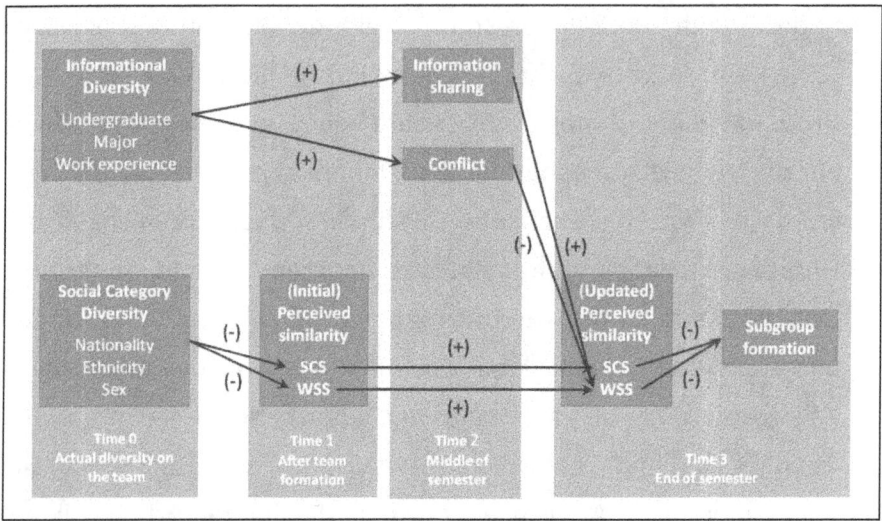

Abb. 2: Modell der Diversitäten und deren Wirkung auf Konflikt,
         Informationsverteilung und Gruppenformation
Quelle: Zellmer-Bruhn et al., 2008, S.47

Die Stärke dieser Untersuchung liegt in der Annahme, dass die Diversität zu unterschiedlichen Zeitpunkten auf unterschiedliche Dimensionen Einfluss nehmen kann und Diversität als ein *dynamisches* Konstrukt betrachtet wird.

Befunde

Zellmer-Bruhn et al. (2008) haben zehn Hypothesen untersucht. Die oben aufgezeigte Abbildung 2 vermittelt einen Überblick über alle zehn Hypothesen. Auf die explizite Nennung aller Hypothesen verzichtet die Autorin.

Die Studie brachte in Erfahrung, dass die Diversität der sozialen Kategorie zum Zeitpunkt T0, sowohl einen Einfluss auf die wahrgenommene Ähnlichkeit der sozialen Kategorisierung als, auch auf den Arbeitsstil hatte. Die informationale Diversität nahm lediglich einen Einfluss auf die wahrgenommene Ähnlichkeit des Arbeitsstils. Die Autoren nahmen deshalb an, dass die ausgelösten Prozesse der informationalen Diversität einen geringen Einfluss auf die Gruppenmitglieder ausübten. Die Diversität der Nationalität und der Ethnizität hatten beide einen negativen Einfluss auf die wahrgenommene Ähnlichkeit der sozialen Kategorisierung, aber nur die Diversität der Ethnizität wirkte sich negativ auf die wahrgenommene Ähnlichkeit des Arbeitsstils aus. Ausserdem konnte herausgefunden werden, dass sich die wahrgenommene Ähnlichkeit durch die sozialen Kategorisierung während der Erhebung nicht änderte, sich jedoch die wahrgenommene Ähnlichkeit des Arbeitsstils über die Zeit hinweg verstärkte (vgl. Zellmer-Bruhn et al., 2008, S.53).

Es zeigte sich, dass die wahrgenommene Ähnlichkeit der sozialen Kategorisierung eng an die soziale Kategorisierungsdiversität gekoppelt ist. Diese ist wiederum an saliente Persönlichkeitsmerkmale gebunden, welche meist stabil und robust sind und demnach keine Veränderung annimmt. Dass sich jedoch wahrgenommene Ähnlichkeit bezüglich des Arbeitsstils ändern kann, wird durch das Auftreten von Konflikten und den Informationsaustausch innerhalb der Gruppe erklärt. Denn erst wenn Differenzen im Team aufkommen, erhalten die Versuchspersonen weiter Informationen in Bezug auf die Arbeitserfahrung, Wissen, Präferenzen und einen daraus resultierenden Arbeitsstils (vgl. Zellmer-Bruhn et al., 2008, S.53).

Die informationale Diversität hatte einen positiven Einfluss auf das Konfliktauftreten innerhalb der Gruppe. Je mehr Versuchspersonen sich bezüglich ihrer Arbeitsstile und Arbeitserfahrungen unterschieden, desto eher traten Gruppenkonflikte auf. Konflikte innerhalb der Gruppe wirkten sich wiederum negativ auf die nachfolgende wahrgenommene Arbeitsstilähnlichkeit zum Zeitpunkt T3 aus. Informationale Diversität hatte einen positiven Einfluss auf Informationsverteilung innerhalb der Gruppe. Die Informationsverteilung innerhalb des Teams hatte eine verstärkende Wirkung auf die wahrgenommene Ähnlichkeit der Gruppenmitglieder in Bezug auf den Arbeitsstil zum Zeitpunkt T3. Die wahrgenommene Ähnlichkeit der Versuchspersonen bezüglich der sozialen Kategorisierung und des Arbeitsstil hatte einen positiven Einfluss auf die Bildung von Subgruppen. Je ähnlicher sich die Gruppenmitglieder sahen, umso kleiner wurde die Wahrscheinlichkeit, dass es Abspaltungen innerhalb der Gruppe gibt (vgl. Zellmer-Bruhn et al., 2008, S.41).

Es kann jedoch zur Bildung von Subgruppen kommen. Durch die Entstehung von Subgruppen sinkt die Leistungsfähigkeit der Gruppe, da unter anderem die Zufriedenheit im Team sinkt und vermehrt Gruppenkonflikte auftreten können. Je ähnlicher jedoch die Arbeitsstile der Versuchspersonen innerhalb der Gruppe waren, desto höher war die Leistungsfähigkeit der Gruppenmitglieder (vgl. Zellmer-Bruhn et al., 2008, S.54).

4.1.2. Aktuelle und wahrgenommene Diversitätsdimensionen

Überblick

Das Managen von Gruppenarbeiten- und projekten in modernen Organisationen und Firmen ist eine grosse Herausforderung für Mitarbeiter und Führungskräfte. Nicht immer kann das Maximum an Ressourcen genutzt werden, da sich unzählige Verzerrungen und Fehler bei der Durchführung einschleichen können. Die bisherige Forschung hat sich bisher auf sichtbare, demographische Variablen wie etwa Alter oder Geschlecht konzentriert, da diese leicht messbar sind. Diese Variablen sind mitverantwortlich für die Bildung von Vorurteilen und Stereotypen, welche wiederum die Gruppenleistung beeinträchtigen können.

Harrison, Price, Gavin und Florey (2002) setzen sich in ihrer Studie nicht nur mit demographischen Diversität auseinander, sonder untersuchen auch Variablen wie Persönlichkeit, Einstellungen und Werte von Menschen und deren Einfluss auf die Bearbeitung einer Gruppenarbeit und die daraus resultierende Leistung. Die Autoren teilen demnach Diversität in surface-level (Demographie) und deep-level Diversität (Persönlichkeitsmerkmale,) auf und klärten, wie sich diese Diversitäten auf die Gruppenleistung auswirken kann. Zudem untersuchten die Autoren, welchen Einfluss die wahrgenommene Diversität, Belohnung (je besser das Gruppenergebnis, desto mehr erhält der Einzelne) und Zusammenarbeit im Team auf die soziale Integration der Gruppenmitglieder (hohe Kohäsion und Zufriedenheit im Team, positive soziale Interaktion) und auf die Leistung haben können. Abbildung 3 fasst das untersuchte Modell und deren Hypothesen zusammen. Die Autoren setzen sich mit der Frage auseinander, inwiefern sich der Einfluss der verschiedenen Diversitäten über die Zeit hinweg verändert. Die Hypothese H3, welche in der Abbildung 3 nicht aufgezeigt ist, lautet, dass die wahrgenommene surface- und deep-level Diversität den negativen Einfluss der aktuellen surface- und deep-level Diversität auf die soziale Integration mediiert. (vgl. Harrison et al., 2002, S.1032ff.).

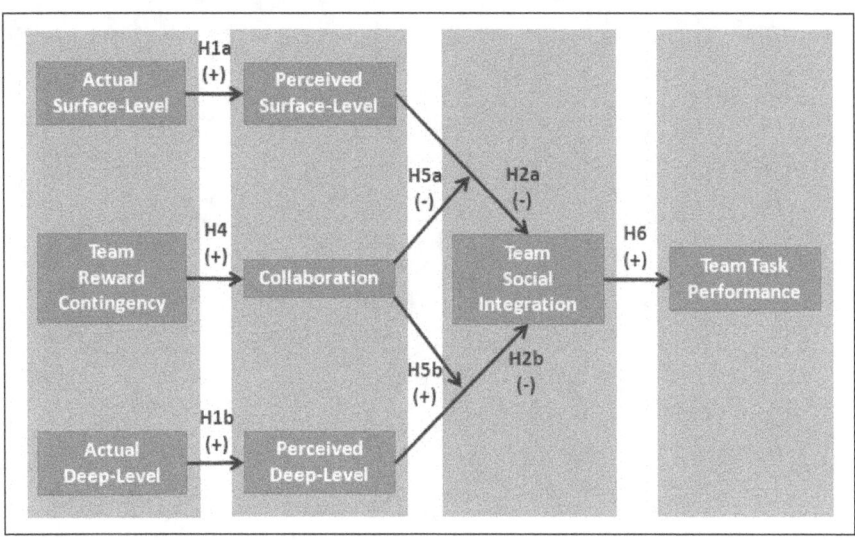

Abb. 3: Surface- und deep-level Diversität und deren Wirkung auf Prozesse in Gruppen und Gruppenleistung

Quelle: Harrison et al., 2002, S.1030

Um die Hypothesen prüfen zu können, wurden Studenten unterschiedlichen Geschlechts, Altes und Nationalität in Gruppen eingeteilt und während eines Zeitraums von 14 Wochen untersucht. Die Studenten wurden mittels Fragebogen zu drei Zeitpunkten befragt (vgl. Harrison et al., 2002, S.1034).

Befunde

Harrison et al. (2002) zeigten auf, dass zwischen dem Einfluss der vorangehenden surface- und deep-level Diversitäten und den nachfolgenden surface- und deep-level Diversitäten ein positiver Zusammenhang bestand. Sind demnach die Unterschiedlichkeiten auf beiden Ebenen genug salient, werden sie von den Probanden wahrgenommen. Zudem zeigte sich, dass zwischen den wahrgenommenen Diversitäten und der sozialen Integration ein starker negativer Zusammenhang vorlag. Dies bedeutet, dass je unterschiedlicher sich die Gruppenmitglieder wahrnahmen, desto weniger fand eine Integration der einzelnen Personen in die Gruppe statt. Entsprechend sanken beispielsweise der Konsens und die Zufriedenheit innerhalb der Gruppe. Durch die Analyse wurde bestätigt, dass beide wahrgenommenen Diversitäten als Mediatoren zwischen den vorangehenden surface- und deep-level Diversitäten und deren negativen Einfluss auf die soziale Integration der Gruppenmitglieder vermittelten. Das in der Studie eingeführte Belohnungsprinzip hat sich, wie angenommen, positiv auf die Zusammenarbeit der Gruppenmitglieder ausgewirkt, während es keinen Einfluss auf die wahrgenommenen Diversitäten nehmen konnte. Bezüglich der Zusammenarbeit über die Zeit hinweg wurde ersichtlich, dass durch die Zusammenarbeit der Gruppenmitglieder der Effekt der surface-level Diversität an Einfluss verlor, während sich die Wirkung der deep-level Diversität verstärkte. Dies erklärten die Forscher dadurch, dass durch die Zusammenarbeit mehr persönliche Informationen zum Vorschein kamen, welche Charakteristika der deep-level Diversität reflektierten. Die letzte Hypothese wurde ebenfalls angenommen.

Es konnte ein starker positiver Zusammenhang zwischen der sozialen Integration der Teammitglieder und der Gruppenleistung gefunden werden (vgl. Harrison, et al. 2002, S.1035ff.).

4.2. Einschätzung der Diversität und deren Einfluss auf Prozesse in Gruppen

Personen nehmen Diversität nicht nur bezüglich ihrer vielfältigen Ausprägungen unterschiedlich wahr, sonder beurteilen und werten diese Unterschiedlichkeiten auch individuell. Demnach hängt die Wirkung von Diversität mit Wahrnehmungs- und Bewertungsprozessen zusammen. Im folgenden Unterkapitel werden Studien vorgestellt, die sich mit diesen Prozesse auseinandersetzen und ihre Wirkung auf die Gruppenleistung prüfen.

4.2.1. Beurteilung und Differenzierung der Diversität durch Versuchspersonen

Überblick

Oosterhof, van der Vegt, van de Vliert, Sanders & Kiers (2009) setzten sich mit der Frage auseinander, wie Personen die Unterschiedlichkeit in einem Team wahrnehmen und welchen Einfluss das Bewusstsein über die Unterschiedlichkeit, auf das Auftreten von Konflikten haben kann. Der Konflikt wurde in zwei Dimensionen aufgeteilt, nämlich in aufgabenbezogene und beziehungsbezogene Konflikte. Hervorzuheben ist bei dieser Studie, dass die Autoren sich der Insider Perspektive der Versuchspersonen widmeten, bei welcher die Selbstbeurteilung- und einschätzung der wahrgenommen Unterschiedlichkeit der

Gruppenmitglieder im Zentrum stand (vgl. Oosterhof et al., 2009, S.617).

Um die selbst wahrgenommenen Unterschiedlichkeiten zu erheben, wurde mit den Versuchspersonen ein face-to-face Interview durchgeführt, wobei Studienteilnehmer sich alle Unterschiedlichkeiten der anderen Teammitglieder aufschreiben mussten. In einem weiteren Schritt wurden die aufgelisteten Unterschiede von den Probanden bewertet. Sie mussten angeben mussten, wie positiv und wie negativ die Unterschiedlichkeit zu bewerten ist (vgl. Oosterhof et al. 2009, S.623).

Befunde

Oosterhof et al. (2009) zeigten auf, dass sich von den genannten Unterschieden fünf Überbegriffe herausbildeten. Die Versuchspersonen unterschieden sich in ihrer Extraversion, Arbeitsangehensweise, Experte, Seniorität und Arbeitsposieren. Diese Überbegriffe wurden wiederum von den Probanden positiv als auch negativ bewertet. Die unten folgende Tabelle 1 zeigt die fünf Überbegriffe detailliert auf (vgl. Oosterhof et al. 2009, S.626).

Tab. 1:   Die fünf Überbegriffe und die dazugehörigen Attribute

Überbegriff	Beschreibung
Extraversion[P]	z.B. arrogant, direkt, ambitioniert, selbstsicher, humorvoll
Arbeitsherangehensweise[P]	z.B. braucht Struktur, geht ins Detail, zielorientiert
Arbeitsposieren[P]	z.B. wartet ab, nimmt es locker, zielstrebig, typischer Bürokrat
Expertenwissen[D]	z.B. weiss sehr viel, gibt Ratschläge, plant viel, arbeitet mit

Seniorität[D]	z.B. Alter, voll-und teilzeitbeschäftigt, Lebensphase, hat Kinder

[D] Steht für demographische Variable

[P] Steht für psychologische Variable

Quelle: Eigene Tabelle

Es zeigte sich, dass die Versuchspersonen dazu tendieren, Extraversion und Arbeitsangehensweise stark in Kontrast zu setzen. Die beiden Überbegriffe wurden entweder mit positiven oder aber mit negativen Attributen in Verbindung gesetzt, doch zeigte sich eine Tendenz zur Negativbewertung. Im Gegensatz dazu wurden Fachwissen oder Seniorität differenzierter betrachtet. Auch wenn Unterschiede beschrieben wurden, konnten die Versuchspersonen sowohl positive und als auch negative Attribute den jeweiligen Überbegriffen hinzufügen, die sich zum Schluss egalisierten (vgl. Oosterhof et al. 2009, S.628).

Die abgebildeten Regressionen (vgl. Abbildung 4) widerspiegeln den Zusammenhang zwischen den zwei Konfliktebenen und den Traits Extraversion und Experte. Je kompetenter demnach eine Person in der Gruppe wahrgenommen wurde, desto weniger Konflikte traten in der Gruppe, sowohl auf der Beziehungs- als auch auf der Arbeitsebene, auf. Es zeigte sich, dass extravertierte Personen eher dazu beitrugen, Konflikte im Team zu evozieren. Die Herangehensweise der Versuchspersonen an die Arbeit kann ebenfalls Konflikte fördern. Fasst man diese Ergebnisse zusammen, zeigt sich, dass stabile Traits, wie das Expertenwissen, das Konfliktrisiko auf beiden Ebenen mindern kann, Traits wie Extraversion oder die Art der Herangehensweise an eine Aufgabe können hingegen das Konfliktrisiko erhöhen (vgl. Oosterhof et al., 2009, S.629).

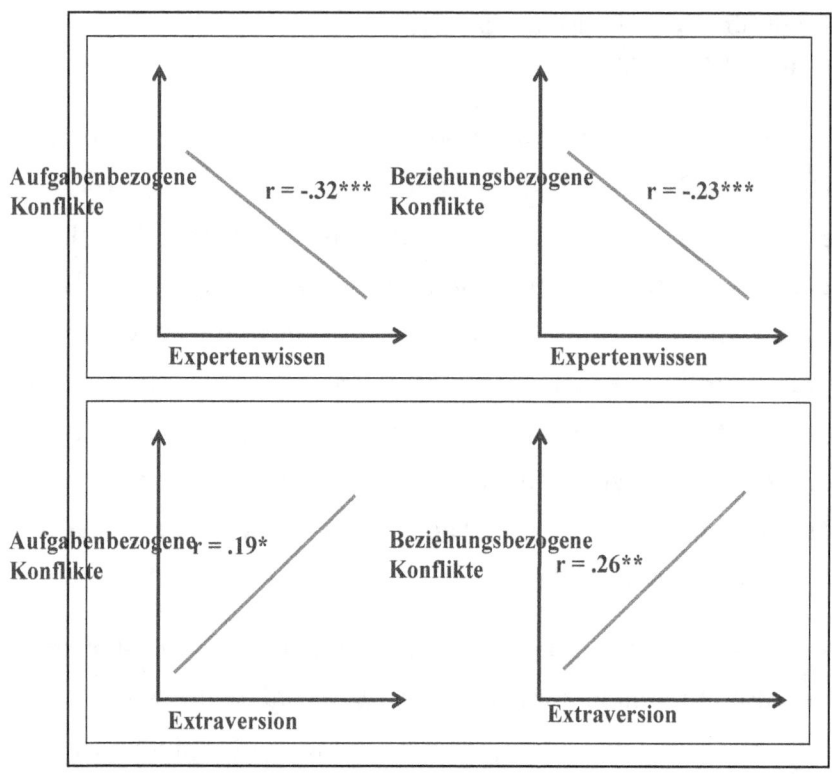

Abb. 4: Regressionen der Aufgaben- und Beziehungskonflikten sowie Extraversion und Expertenwissen

Quelle: Eigene Darstellung

Die befragten Versuchsteilnehmer berichteten hauptsächlich über Schwierigkeiten in Bezug auf die Persönlichkeit der anderen Gruppenmitglieder (Extraversion; deep-level) jedoch nicht bezüglich demographischen Faktoren (Alter; surface-level). Dies zeigte sich beispielsweise anhand der Einschätzung der

Extraversion oder der Expertise. Somit nehmen deep-level Traits starke Einflüsse auf Prozesse in Gruppen. Bezüglich der Einschätzung des Alters (surface-level) wurde von den Probanden nicht das Alter per se bewertet, sondern mit Charakteristika und Eigenschaften, welche mit dem Alter assoziiert wurden. Demnach wurde der eigentlich demographische Faktor Alter als deep-level Faktor wahrgenommen und charakterisiert, statt als surface-level Faktor (vgl. Oosterhof et al., 2009, S.630).

4.2.2. Einfluss der Einstellung gegenüber Diversität

Überblick

Effekt der Gruppendiversität auf die Gruppenleistung, sowie auf die Gruppenprozesse fielen in bisherigen Studien sowohl positiv als auch negativ aus. Daher konzentrieren sich Homan, Greer, Jehn und Koning (2009) einerseits auf den Aufgabentyp und andererseits auf die Ansichten der Gruppenmitglieder zum Thema Diversität. Zudem untersuchten die Autoren, wie die Probanden die wahrgenommene Diversität bewerten. Da noch nicht vollständig geklärt ist, in welchem Zusammenhang die momentane mit der wahrgenommen Diversität steht, gehen die Autoren davon aus, dass nicht die aktuelle Diversität ausschlaggebend für die Beeinflussung von Prozessen in Gruppen und Gruppenleistungen ist, sondern das Ausmass an wahrgenommener Diversität, sowie deren Bewertung. Je nach Diversitätsbewertung der Gruppenmitglieder erhöht oder senkt sich die Wahrscheinlichkeit der Subgruppenbildung. Je positiver

33

die Diversität bewertet wird, desto kleiner ist die Chance der Subgruppenbildung, welche wiederum Ursache von Subgruppenverzerrungen sein können. In dieser Studie wurden Feldexperimente und Experimente im Labor durchgeführt, um die externe Validität der gefundenen Resultate zu erweitern (vgl. Homan et al., 2009, S.2ff.).

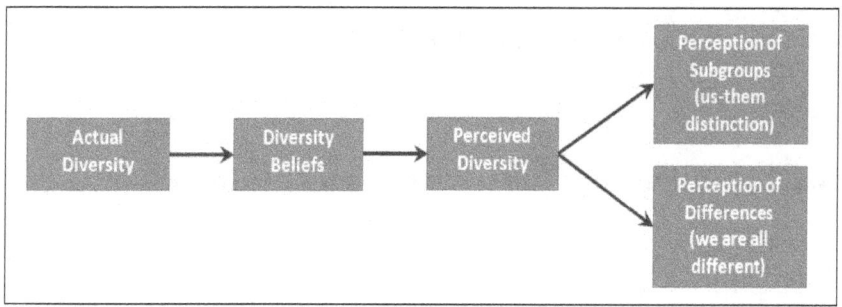

Abb. 5: Wirkungsmodell der Diversitäten auf die Wahrnehmung von Subgruppen und Unterschiedlichkeit

Quelle: Eigene Darstellung

Abbildung 5 veranschaulicht die Hypothesen. Die erste Hypothese, welche mittels eines Feldexperimentes geprüft wurde, lautet wie folgt: Je positiver die Gruppenmitglieder Diversität (surface-level) einschätzen, desto schwächer wird die Beziehung zwischen der momentanen Subgruppenexistenz und deren Wahrnehmung. Die Einstellung zur Diversität fungiert als Moderator zwischen der Beziehung von momentaner objektiven Subgruppenexistenz und wahrgenommener Subgruppenbildung (vgl. Homan et al., 2009, S.8).

In einem weiteren Experiment wurde der Frage nachgegangen, inwiefern der Aufgabentyp einen Einfluss auf die Gruppenprozesse haben kann. Dazu wurden Versuchspersonen dazu veranlasst, entweder eine physiologische oder eine intellektuelle Aufgabenstellung zu erarbeiten. Zudem wurde in die Untersuchung die Charaktereigenschaft Offenheit gegenüber Erfahrungen mit einbezogen, welche als Mass für die Diversitätseinstellung diente. Die Hypothese lautete, dass Probanden, welche der intellektuellen Aufgabe zugeordnet wurden und eine negative Einstellung zum Thema Diversität vertraten, Diversität eher als Subgruppe verstanden, während Personen mit positiver Diversitätseinstellung, Diversität als fruchtende Unterschiedlichkeit wahrnahmen. Bezüglich der physiologischen Aufgabe, wurde von keiner unterschiedlichen Diversitätswahrnehmung ausgegangen (vgl. Homan et al., 2009, S.15).

Befunde

Die Autoren konnten aufzeigen, dass die Diversitätsansicht der Gruppenmitglieder das Ausmass der wahrgenommenen Subgruppenbildung determinierte. Je positiver die Bewertung der Diversität ausfiel, desto weniger nahmen die Gruppenmitglieder Subgruppen im Team wahr. Demnach wurde die Beziehung zwischen der momentane Subgruppenexistenz und der darauffolgenden Wahrnehmung dieser Subgruppen durch die Einstellung zu Diversität moderiert (vgl. Homan et al., 2009, S.11f.). Durch die Prüfung der zweiten Hypothese konnte hinsichtlich der Wahrnehmung von Subgruppen gezeigt werden, dass sie in einem negativen Zusammenhang mit der Charaktereigenschaft Offenheit gegenüber Erfahrungen stand. Dies bedeutet, je offener eine Person gegenüber anderen und anderem ist, desto weniger nimmt diese Person die Diversität in Zusammenhang mit Subgruppen wahr. Die Autoren stellten einen Interaktionseffekt zwischen Offenheit gegenüber Erfahrungen und Aufgabentyp fest. Die Charaktereigenschaft beeinflusste die Wahrnehmung von Subgruppen stärker, wenn Personen die intellektuelle Aufgabestellung bearbeiteten, als bei der physiologischen Aufgabe. Je offener sich eine Personen gegenüber Erfahrungen zeigte, desto weniger Subgruppen wurden bei der intellektuellen Aufgabe wahrgenommen. Kein Effekt konnte zwischen der Charaktereigenschaft, der physiologischen Aufgabe und der daraus folgenden Wahrnehmung von Subgruppen gefunden werden (vgl. Homan et al., 2009, S.20).

Bezüglich der Wahrnehmung von Unterschiedlichkeit, dem Aufgabentyp sowie der Charaktereigenschaft konnte wiederum ein Interaktionseffekt festgestellt werden. Offenheit gegenüber Erfahrungen beeinflusste die Wahrnehmung der Unterschiedlichkeit stärker, sobald die Versuchspersonen eine intellektuelle Aufgabe lösen mussten, während dieser Effekt bei der Erarbeitung der physiologischen Aufgabestellung an Einfluss verlor. Demnach nahmen Personen mit einer ausgeprägten Offenheit gegenüber Erfahrungen, Diversität, unter der Bedingung der intellektuellen Aufgabe, vermehrt als positive Unterschiedlichkeit wahr (vgl. Homan et al., 2009, S.21).

Diese Ergebnisse zeigen auf, dass die Charaktereigenschaft Offenheit gegenüber Erfahrungen die Wahrnehmung von Diversität stakt beeinflusst, jedoch ist dieser Effekt vom Aufgabentyp abhängig. Je mehr Elaboration von Informationen im Team erforderlich ist, um die Aufgabe erledigen zu können, desto mehr nimmt diese Charaktereigenschaft Einfluss auf die Wahrnehmung von Diversität.

4.3. Persönlichkeitsmerkmale und Diversität

Verschiedene Personen bringen unterschiedliche Persönlichkeiten, Einstellungen und Verhaltensmuster mit sich. Diese kommen in Gruppen besonders stark zum Vorschein, da mehrere Personen miteinander in Kontakt treten, interagieren und kommunizieren. Somit werden Persönlichkeitsunterschiede salient. Diese Salienz kann die Wahrnehmung von Diversität, Prozesse in Gruppen und Gruppenleistung unterschiedlich beeinflussen. Somit wird in diesem Unterkapitel der Beziehung zwischen Persönlichkeitsmerkmalen und Diversität nachgegangen.

4.3.1. Extraversion, Neurotizismus und Verträglichkeit

Überblick

In der Studie von Liao, Chuang und Joshi (2008) wurde untersucht, welchen Einfluss Persönlichkeitsmerkmale auf die wahrgenommene Unterschiedlichkeit in einer Gruppe haben. Es wurde erforscht, wie sich die wahrgenommene Unterschiedlichkeit auf die Arbeitseinstellung, das Hilfe- und Arbeitsverhalten sowie die Auftretungswahrscheinlichkeit einer allfälligen freiwilligen Kündigung auswirken kann (vgl. Liao et al., 2008, S.113ff.).

Um die Persönlichkeitsmerkmale zu messen, wurde auf das Five-Factor Model (vgl. McCrae & Costa, 1992) zurückgegriffen. Extraversion, Neurotizismus und Verträglichkeit wurden in die

Studie integriert, da diese drei Charakteristika einen direkten Einfluss auf die Interaktionen zwischen Personen nehmen. Diese drei Dimensionen gelten daher als deep-level Diversität. Die Forscher gehen davon aus, dass die allgemeine Arbeitseinstellung ein Ergebnis der wahrgenommenen Unterschiedlichkeit ist. Dabei wird die allgemeine Arbeitseinstellung als Konstrukt verstanden, das die zwei Dimensionen affektives Kommitment und Arbeitszufriedenheit im Team beinhaltet. Liao et al. (2008) nehmen an, dass die allgemeine Arbeitseinstellung als Mediator zwischen der wahrgenommenen Unterschiedlichkeit und dem Hilfe- und Arbeitsverhalten im Team, sowie die Auftretungswahrscheinlichkeit einer freiwilligen Kündigung fungiert (vgl. Liao, Chuang & Joshi, 2008, S.108ff.). Abbildung 6 zeigt die sieben untersuchten Hypothesen im Überblick.

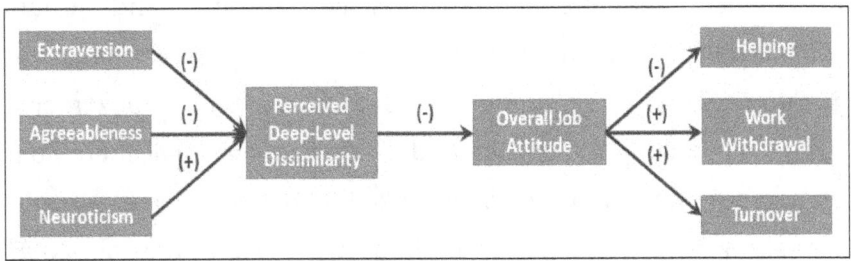

Abb. 6: Modell der Persönlichkeitsmerkmale und deren Wirkung auf Diversitätswahrnehmung und Prozesse in Arbeitsgruppen

Quelle: Liao et al., 2008, S.107

Befunde

Die Resultate demonstrieren, dass die Persönlichkeitsmerkmale Extraversion und Verträglichkeit in einem negativen Zusammenhang mit der wahrgenommenen Unterschiedlichkeit stehen. Dies bedeutet, je offener, angepasster und hilfsbereiter eine Person ist, desto weniger werden die Unterschiedlichkeiten im Team wahrgenommen respektive weniger negativ bewertet. Die erwähnten Eigenschaften erhöhten somit die Auftretenswahrscheinlichkeit eines akzeptanzschaffenden Verhaltens. Die wahrgenommen Unterschiedlichkeit innerhalb der Gruppe verlor an negativem Einfluss und wirkte sich positiv auf die allgemeine Arbeitseinstellung aus (vgl. Liao et al., 2008, S.115).

Dass die allgemeine Arbeitseinstellung als Mediator zwischen der wahrgenommenen Unterschiedlichkeit und den drei Arbeitscharakteristika wirkt, konnte teilweise bestätigt werden. Keinen indirekten Zusammenhang konnten die Autoren zwischen der wahrgenommenen Unterschiedlichkeit und dem Hilfeverhalten finden, jedoch konnte ein direkter negativer Zusammenhang gefunden werden. Die allgemeine Arbeitseinstellung mediierte die Beziehung zwischen der wahrgenommenen Unterschiedlichkeit und dem aktiven Arbeits-verhalten, sowie der freiwilligen Kündigung (vgl. Liao et al., 2008, S.119).

Zusammengefasst haben Persönlichkeitsmerkmale einen bedeutenden Einfluss auf die wahrgenommene Unterschiedlichkeit innerhalb der Gruppe. Die wahrgenommene deep-level Unterschiedlichkeit hatte einen negativen Einfluss auf die allgemeine Arbeitseinstellung sowie auf das Hilfeverhalten im

Team. Einen positiven Zusammenhang konnte zwischen der wahrgenommene deep-level Unterschiedlichkeit und dem arbeitsbezogenen Rückzug und der freiwilligen Kündigung aufgezeigt werden (vgl. Liao et al., 2008, S.120).

4.3.2. Offenheit gegenüber Diversität

Überblick

Homan, Humphrey, Ilgen, Hollenbeck, van Knippenberg und van Kleef (2008) untersuchten in ihrer Studie den Zusammenhang zwischen unterschiedlichen Diversitätssalienzen, einem Persönlichkeitsmerkmal (Offenheit gegenüber Erfahrungen), der Elaboration von Informationen im Team und der Gruppenzusammensetzung auf die Gruppenleistung. Dabei legten die Autoren den Schwerpunkt auf die unterschiedliche Salienz der Diversität (vgl. Homan et al., 2008, S.1). Um Salienz zu schaffen, wurden anhand von unterschiedlichen Gruppenkonstellationen drei Diversitätssalienzen kreieren, welche folglich erläutert werden.

Salienz von zwei distinkten Subgruppen

Faultlines beschreibt den Prozess der Subgruppenbildung. Je höher der komparative Fit, desto stärker steigt die Wahrscheinlichkeit einer möglichen Subgruppenbildung. Unter komparativem Fit versteht man, inwiefern die Unterschiede zwischen den Mitgliedern einer Kategorie als geringer wahrgenommen werden, als die Unterschiede zwischen diesen Individuen und vergleichbaren anderen Personen. Sobald nun multiple saliente Diversitätsdimensionen innerhalb desselben Teams zusammenlaufen, sprich, konvergieren und sich dadurch Subgruppen bilden, kann sich die Gruppenleistung auf Grund von

Gruppenprozessfehlern, verschlechtern. In anderen Worten bedeutet dies, dass die wahrgenommenen konvergierenden Diversitäten faultlines aktiveren. Die Autoren gehen davon aus, dass faultlines durch die Zusammensetzung der Gruppe evoziert werden und demnach einen negative Auswirkung auf die Gruppenleistung haben werden (vgl. Homan et al., 2008, S.9f.).

Salienz der Unterschiedlichkeit mit geringer Subgruppensalienz

Cross-categorization beschreibt die Situation, bei welcher sich Gruppenmitglieder bezüglich mehrerer salienten Dimensionen unterscheiden, diese Dimensionen jedoch unkorreliert sind. Die Wahrscheinlichkeit einer Unterscheidung in in- und outgroups sinkt, da kein oder nur ein schwacher komparativer Fit vorhanden ist. Somit kann die cross-categorization einen positiven Effekt auf die Gruppenprozesse ausüben. Zu beachten ist an dieser Stelle, dass die cross-categorization die wahrgenommene Salienz der Subgruppen reduziert, nicht jedoch die Gruppenunterschiedlichkeit per se (vgl. Homan et al., 2008, S.10).

Demnach ergibt sich folgende erste Hypothese: Gruppen, bei welchen die Gruppenstruktur die cross-categorization Diversität hervorruft, zeigen eine bessere Gruppenleistung als Teams, bei welchen die Zusammensetzung der Gruppe in Zusammenhang mit der faultline Diversität stehen (ebd.).

Salienz innerhalb der Gruppe

43

Superordinate group identity bezeichnet den Bildungsprozess von übergeordneten Gruppenidentitäten. Wenn situations- und strukturbezogene Faktoren die Gruppe als ein Ganzes hervorheben, verliert die within-group an Salienz. Dies bedeutet, dass sich die Gruppe als eine Einheit und nicht als Gruppe mit Subgruppen versteht. Somit wird die Unterschiedlichkeit weniger wahrgenommen, wobei der komparative Fit an Gewicht verliert. Somit wirkt sich die Superordinate group identity positiv auf die Gruppenwahrnehmung aus (vgl. Homan et al., 2008, S.11).

Die zweite Hypothese nimmt an, dass Gruppen, bei welchen die Gruppenstruktur die superordinate group identity Diversität hervorruft, eine bessere Gruppenleistung aufweisen als Gruppen, bei welchen die Gruppenkonstellation in Zusammenhang mit der faultline Diversität stehen (ebd.).

Offenheit gegenüber Erfahrungen impliziert Verhaltensweisen wie Toleranz, Wissenshunger gegenüber neuen Ideen sowie einer erhöhten Bereitschaft zur Interaktion und Kommunikation. Dies wirkt sich positiv auf die Gruppenleistung aus. Die Autoren schlagen vor, dass dieser positive Effekt durch die Variable Elaboration von Informationen mediiert wird. Die Forscher nehmen zudem an, dass der mediierende Einfluss der Informationselaboration durch eine erhöhte Salienz verstärkt wird (vgl. Homan et al., 2008, S.13).

Befunde

Abbildung 7 zeigt den Einfluss der drei Salienzbedingungen auf die Gruppenleistung. Laut den Befunden konnten die ersten zwei Hypothesen angenommen werden.

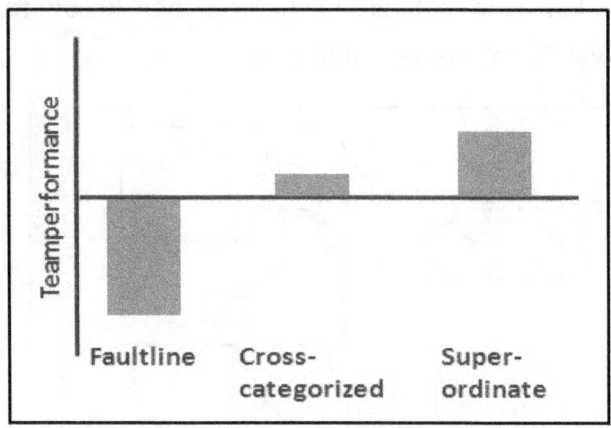

Abb. 7: Der Effekt der drei Gruppenstrukturen auf die Gruppenleistung

Quelle: Homan et al., 2008, S.45

Es zeigte sich, dass Gruppen, welche in der cross-categorization Bedingung die Gruppenaufgabe lösten, eine bessere Leistung aufwiesen, als jene Gruppen, welche die Gruppenaufgabe in der faultline Bedingung lösen mussten. Gruppen der superordinate group identity Bedingung zeigten bessere Ergebnisse, im Vergleich mit Gruppen der faultline Bedingung. Die ersten zwei Hypothesen wurden somit bestätigt (vgl. Homan et al., 2008, S.25).

Gruppen, die eine hohe Offenheit gegenüber Erfahrungen aufwiesen, zeigten eine besserer Gruppenleistungen, als Gruppen mit einer tieferen Offenheit gegenüber Erfahrungen. Mittels einer hierarchischen Regressionsanalyse konnte ein Interaktionseffekt zwischen der Charaktereigenschaft und den Gruppenstrukturen und die daraus resultierenden Salienzen auf die Gruppenleistung gefunden werden. Für eine detaillierte Analyse der Resultate siehe Abbildung 8 (vgl. Homan et al., 2008, S.25f.).

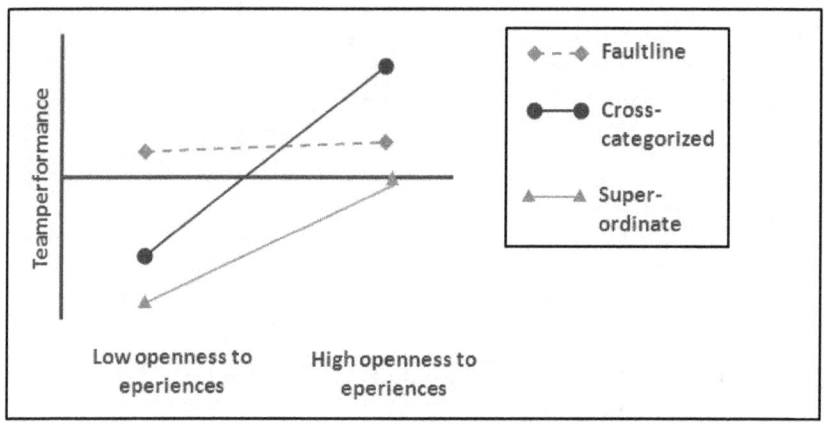

Abb. 8:   Interaktive Effekte der Offenheit gegenüber Erfahrungen
          und der Gruppenstruktur auf die Gruppenleistung
Quelle: Homan et al., 2008, S.46

Die Charaktereigenschaft steht in einem stärkeren positiven Zusammenhang mit der Gruppenleistung unter der cross-categorization und der der faultline Bedingung, als unter der superordinate group identity Bedingung. Es konnte keine unterschiedliche Wirkung der Charaktereigenschaft auf die cross-categorization und die faultline Bedingung gefunden werden. Dies wird dadurch erklärt, dass in beiden Bedingungen der Gruppenstruktur die Unterschiedlichkeit salient gemacht wrude. Wie die Hypothese annahm, zeigten Gruppen unter der faultline

Bedingung, mit einer niedrigen Offenheit gegenüber Erfahrungen, die schlechteste Gruppenleistung, gefolgt von der cross-categorization Gruppe, welche eine hohe Offenheit gegenüber Erfahrungen aufwies (vgl. Homan et al., 2008, S.26). Ausserdem konnten die Autoren aufzeigen, dass die Charaktereigenschaft einen positiven Einfluss auf die Elaboration von Informationen im Team nahm, was zu einer höheren Gruppenleistung führte. Bezüglich der mediierenden Rolle der Elaboration von Informationen auf die Beziehung zwischen der Charaktereigenschaft und den unterschiedlichen Salienzen der Gruppenunterschiedlichkeit und die daraus resultierende Gruppenleistung, konnte eruiert werden, dass lediglich in der superordinate group identity Bedingung kein mediierender Effekt gefunden werden konnte, jedoch in den zwei weiteren Bedingungen. Dieser Befund ziegt, dass situationale Faktoren die Inforamtionselaboration beeinflussen (vgl. Homan et al., 2008, S.27).

4.4. Aufgabentyp und Diversität

Oftmals wird der Fokus der Diversitätsforschung auf personenbezogene Prozesse, wie beispielsweise die individuelle Bewertung von Diversität, gerichtet. Dieses Unterkapitel widmet sich jedoch dem situationalen respektive funktionalen Faktor der Gruppenarbeit, der Interdependenz.

4.4.1. Interdependenz der Gruppenarbeit und Diversität

Überblick

Van der Vegt und van der Vliert (2005) untersuchten die Zusammenhänge zwischen der wahrgenommenen Unterschiedlichkeit der Gruppenmitglieder bezüglich ihrer Fähigkeiten (Fachwissen und Kompetenz), der Gruppenarbeitinterdependenz, sowie dem Hilfeverhalten. Dazu wurden Studenten während drei Wochen mittels Fragebogen untersucht. Die Versuchsteilnehmer wurden gebeten, in die Rolle eines Managerteams zu schlüpfen und eine virtuelle Firma zu leiten (vgl. van der Vegt & van der Vliert, 2005, S.73f.).

Durch das Bewusstwerden der Unterschiedlichkeit innerhalb der Gruppe, kann der Prozess der Einteilung in eine in- und outgroup ausgelöst werden[3]. Demnach lautete die erste Hypothese, dass die wahrgenommene Unterschiedlichkeit bezüglich ihrer Fähigkeiten das Hilfeverhalten negativ beeinflusst. Das Hilfeverhalten wird nicht nur durch die Diversität der Fähigkeiten der Teammitglieder beeinflusst, sondern auch durch situationsgegebene Faktoren der Gruppenarbeit. Vorangegangene Forschung zeigte, dass eine erhöhte Interdependenz der Gruppenarbeit zu einer tieferen Elaboration von Informationen führt. Denn durch den intensiveren Informationsaustausch in der Gruppe kann eine Lösung erarbeitet werden. Die Autoren gehen davon aus, dass mit wachsender Interdependenz der Gruppenarbeit das Hilfeverhalten steigt. Zudem wird

---

[3] vgl. Theorie der Selbstkategorisierung (Turner, 1982)

angenommen, dass die Interdependenz der Gruppenarbeit den Zusammenhang von wahrgenommener Fähigkeitsunterschieden der Gruppenmitglieder und dem Hilfeverhalten, moderiert. Die dritte Hypothese lautet, dass bei Gruppenarbeiten mit niedriger Interdependenz das Hilfeverhalten und die wahrgenommene Unterschiedlichkeit in einem negativen Zusammenhang stehen und in einem positiven, sobald eine hohe Interdependenz vorhanden ist (vgl. van der Vegt & van der Vliert, 2005, S.75f.).

Befunde

Zwischen der interdependenten Gruppenarbeit und dem Hilfeverhalten wurde ein positiver, gerichteter Zusammenhang bestätigt. Dies bedeutet, je stärker die Ausprägung der Interdependenz der Gruppenaufgabe ausfällt, desto grösser wird die Auftretungswahrscheinlichkeit des Hilfeverhaltens. Bei der dritten Hypothese handelt es sich um einen Interaktionseffekt. Die Autoren zeigten auf, dass die wahrgenommene Unterschiedlichkeit bezüglich den Fähigkeiten der Teammitglieder einen negativen Einfluss auf das Hilfeverhalten unter der Bedingung einer tiefen Interdependenz der Gruppenarbeit nimmt. Im Gegensatz dazu findet ein positiver Effekt statt, unter der Bedingung einer hohen Interdependenz der Gruppenarbeit. Der negative Zusammenhang zwischen der wahrgenommenen Fähigkeitsunterschiedlichkeit und dem Hilfeverhalten konnte nicht bestätigt werden. Für eine detaillierte Übersicht der Resultate, wie auf Abbildung 9 verwiesen (vgl. van der Vegt & van der Vliert, 2005, S.81).

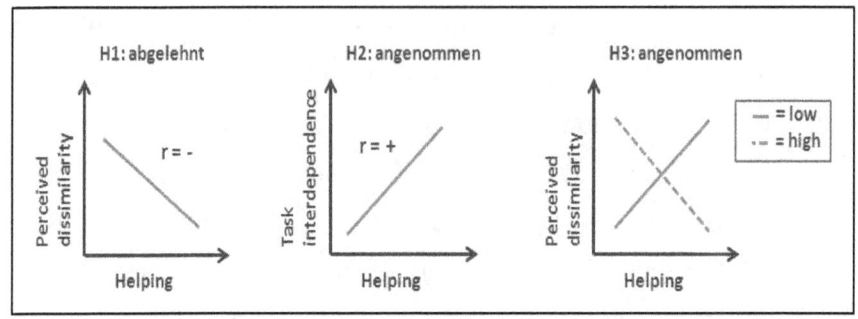

Abb. 9: Korrelationen und Interaktionseffekt der Variablen
Hilfeverhalten, wahrgenommene Unterschiedlichkeit und
Interdependenz der Gruppenarbeit
Quelle: Eigene Darstellung

Die Ergebnisse deuten darauf hin, dass die Interdependenz der Gruppenarbeit die Beziehung zwischen der wahrgenommenen Unterschiedlichkeit und dem Hilfeverhalten moderiet. Somit kann der Faktor Interdependenz als Puffer verwendet werden, um möglichen Verzerrungen bei Gruppenprozessen entgegenzuwirken. Eine hohe Interdependenz der Aufgabe verleitet die Gruppenmitglieder dazu, vermehrt und intensiv miteinander in Kontakt zu treten. Dies wiederum ermöglicht den Versuchsteilnehmer, sich gegenseitig besser kennen zu lernen, was zu einem Vorurteilsabbau führen kann. Der Vorurteilsabbau erhöht die Wahrscheinlichkeit der Hilfeleistung. Zudem hat eine hohe Interdependenz eine tiefere Informationsverarbeitung zur Folge, da nur durch eine erhöhte Inforamtionselaboration eine Lösung für eine erfolgreiche Bearbeitung der Gruppenarbeit gefunden werden kann.

5. Diskussion

Im Einführungsteil dieser Literaturarbeit wurde aufgezeigt, dass Diversität ein äusserst vielfältiges und vielschichtiges Konstrukt ist. Es lässt sich in unterschiedliche Hauptdimensionen einteilen und aus unterschiedliche Perspektiven und Theorien betrachten. Da sich in der Geschichte zur Diversitätsforschung (Gruppendiversität und ihre Auswirkungen auf Prozesse in Gruppen und Gruppenleistung) sehr ambivalente Ergebnisse zeigen, kann davon ausgegangen werden, dass es sich bei der Diversität um ein dynamisches Konstrukt handelt, welches auf verschiedenen Ebenen fungiert. Auf Grund dessen wurde Diversität allumfassender untersucht und der Schwerpunkt nicht nur auf die demographische Diversität gerichtet. Als Vorreiter der Integration der verschiedenen Diversitäten und deren Auswirkungen auf Prozesse und die Leistung, ist van Knippenberg (2004) zu nennen, welcher Faktoren und Variablen der Diversitäten, aber auch Gruppenprozesse und Gruppenleistungen in das categorization-elaboration model (CEM) mit einschloss und somit einen konstruktiven Gesamtüberblick leistete.

Im Hauptteil dieser vorliegenden Arbeit wurden vier Fragestellungen untersucht, wobei die erste Frage nach dem Einfluss des Faktors Zeit auf die Wahrnehmung von Diversität, auf Gruppenprozesse und die Gruppenleitung fragte.

Unterschiedliche Diversitäten nehmen zu verschiedenen Zeitpunkten Einfluss auf Prozesse in Gruppen und die Gruppenleistung nehmen. Hervorzuheben ist, dass sich hauptsächlich die deep-level Diversität über die Zeit hinweg veränderte, respektive von den Versuchspersonen verändert wahrgenommen wurde. Hingegen scheinen Prozesse auf der Ebene surface-level Diversität eher robuster Natur zu sein. Diese Befunde sind durchaus einleuchtend, da erst durch ein Interagieren und Kommunizieren über die Zeit hinweg deep-level Informationen über Menschen gesammelt werden, welche dann als Informationen zur Beurteilung von Gruppenmitgliedern dienen. Hingegen sind Attribute auf Ebene der surface-level Diversität äussert starr und relativ widerstandsfähig gegenüber neuen, nicht konformen Attributen.

Es ist hervorzuheben, dass in der ersten vorgestellten Studie aufgezeigt wurde, dass sich der Einfluss der surface-level Diversität über die Zeit hinweg nicht veränderte, während in der oben beschriebenen Studie der Effekt dieser Diversität an Einfluss verlor. Erklärt werden kann dieser gegensätzliche Befund durch die unterschiedlichen Designs der Untersuchungen. Es scheint, als ob die surface-level Diversität an weitere Variablen gekoppelt ist, welche in den vorgestellten Studien nicht berücksichtigt wurden.

Zudem wurde der Frage nachgegangen, welchen Einfluss die Einstellung und Beurteilung von Diversität auf Prozesse in Gruppen ausübt.

Wer Diversität als positiv, bereichernd oder spannend ansieht, neigt viel weniger dazu, andere Gruppenmitglieder aus dem Team auszuschliessen oder in Konflikt mit anderen zu geraten. Dieses Verhalten hat wiederum einen positiven Einfluss auf die Gruppenleistung. Genau die gegenteiligen Effekte werden gefunden, wenn Versuchspersonen Diversität mit negativen Attributen bestücken. Die Folgen sind Subgruppenbildung und erhöhtes Auftreten von Konflikten in der Gruppe. Somit ist die Einstellung zur Diversität ein starker Einflussfaktor auf Prozesse in Gruppen und Gruppenleistungen, welche zukünftig vermehrt in Studien mit erhoben werden muss.

Des Weiteren wurde untersucht, wie Persönlichkeitsmerkmale die Wahrnehmung von Gruppendiversität, Prozesse in Gruppen und die Gruppenleistung beeinflussen.

Die Wichtigkeit der Persönlichkeitsmerkmale Offenheit gegenüber Erfahrungen, Extraversion, Neurotizismus und Verträglichkeit zeigen die Ergebnisse der vorgestellten Studien. Vorallem Verträglichkeit, Extraversion und Offenheit gegenüber Erfahrungen scheinen die Wahrnehmung von Diversität zu tangieren. Dabei sind gegensätzliche Resultate festzustellen. Je nach Studie wirkte sich beispielsweise das Persönlichkeitsmerkmal Extraversion positiv oder negativ auf Prozesse in Gruppen und die Gruppenleistung aus. Verhältnismässig konsistent und nachvollziehbar fallen die Ergebnisse zur Offenheit gegenüber Erfahrungen und zur Verträglichkeit auf Gruppenprozesse und die Gruppenleistung aus. Die beiden Merkmale stehen in positiven Zusammenhang mit der Gruppenleistung und vorangegangenen Gruppenprozessen. Zudem zeigte sich, dass Offenheit gegenüber Erfahrungen in einem Zusammenhang mit der Gruppenkonstellation steht. Je nach Zusammenstellung der Gruppe und der daraus resultierenden Salienzen, veränderte sich anhand dieser Charaktereigenschaft die Gruppenleistung.

Als letztes wurde der Frage nachgegangen, welche Auswirkungen sich bezüglich des Aufgabentyps auf die Wahrnehmung von Diversität und Gruppenprozesse zeigen.

Es zeigte sich, dass die Interdependenz der Gruppenaufgabe und ihr Einfluss auf die Gruppenleistung eine positive Wirkung auf das Hilfeverhalten innerhalb einer Gruppe und somit auf die gesamte Gruppenleistung ausübte. Somit scheint die Interdependenz einer Gruppenaufgabe eine fruchtbare und vielversprechendes Charakteristikum für eine erfolgreiche und effiziente Zusammenarbeit in Gruppen und eine daraus gute Gruppenleistung zu sein.

Die vielfältigen Einflüsse der surface- und deep-level Diversitäten wurden aufgezeigt. Dabei ist von inkonsistenten Ergebnissen zu berichten. Die ambivalenten Ergebnisse könnten auf die Anwendung unterschiedlicher Forschugnsdesignes und Messmethoden zurückgeführt werden. Eine Weiterführung der Forschung wird daher als sinnvoll betrachtet.

Ungenügend erforscht wurde das Geschlecht im Sinne von Gender (Geschlechterrollenidentität). Viele Studien untersuchten den Einfluss des Geschlechts auf Prozesse in Gruppen und die Gruppenleistung unter dem Aspekt des biologischen Geschlechts und weniger unter dem Aspekt des Geschlechts als Gender. Somit würde methodisch betrachtet eine Verlagerung der Variable Geschlecht von surface-level hin zu deep-level Diversität stattfinden und eine neue Untersuchungsausgangslage schaffen. Es stellt sich generell die Frage, inwiefern es sinnvoll ist, die Diversität des biologischen Geschlechts und die daraus folgende wahrgenommene Ähnlichkeit zu erheben. Untersucht man das Geschlecht in diesem Zusammenhang, wird eigentlich nach der Geschlechterrollenidentität und nicht nach dem biologischen Geschlechts gefragt.

Die Diversitätsforschung ist von hoher Aktualität, bedenkt man die Ausbreitung der Globalisierung und die daraus resultierende, steigende Anzahl interdisziplinärer Zusammenarbeit. Nicht immer gelingt es Gruppen, das Optimum an Leistung zum Vorschein zu bringen. Je mehr man über die wahrgenommene Diversität, ihre Eigenschaften und ihre Einflüsse auf Prozesse und Leistungen in Erfahrung bringen kann, desto effizienter können Gruppenleistungen werden. Zudem kann durch mehr Wissen zur Diversität Gruppenzusammenhalt, Toleranz und Zufriedenheit in einer Gruppe geschaffen werden.

6. Literaturverzeichnis

Allen, R.S., Dawson, G., Wheatley, K. & White, C.S. (2008). Perceived diversity and organizational performance. *Employee Relations, 30 (1),* 20-33.

Byrne, D. (1971). *The attraction paradigm.* New York: Academic Press.

Harrison, D.A., Price, K.H., Gavin, J.H. & Florey, A.T. (2002). Time, teams, and task performance: Changing effects of surface- and deep-level diversity on group functioning. *Academy of Management Journal, 45 (5),* 1029-1045.

Homan, A., Greer, L., Jehn, K. & Koning, L. (2009). Believing is seeing? How diversity beliefs shape the perception of diversity in groups. 22nd Annual IACM Conference Paper [On-line]. Available: http://papers.ssrn.com/sol3/papers.cfm?abstract_id=1484893, 04.03.2010, 1-30.

Homan, A., Humphrey, S., Ilgen, D., Hollenbeck, J., van Knippenberg, D. & van Kleef, G. (2008). Facing differences with open mind: openness to experience, salience of intra-group differences, and performance of diverse work groups. Academy of Managemnet [On-line]. Available: http://www.personal.psu.edu/seh25/HomanEtAl2008.pdf, 04.03.2010, 1-47.

Liao, H., Chuang, A. & Joshi, A. (2008). Perceived deep-level dissimilarity: Personality antecedents and impact on overall job attitude, helping, work withdrawal, and turnover. *Organizational Behavior and Human Decision Processes, 106,* 106-124.

McCrae, R. & Costa, P. (1992). A five-factor theory of personality. In: L. Pervin, & O. John (Hrsg.), *Handbook of personality: Theory and research* (S.139-153). New York: The Guilford Press.

Oosterhof, A., van der Vegt, G.S., van de Vliert, E., Sanders, K. & Kiers, H.A.L. (2009). What`s the difference? Insider perspectives on the importance, content, and meaning of interpersonal differences. *Journal of Occupational and Organizational Psychology, 82,* 617-637.

Tajfel, H. (1978). *Differentiation between social groups: Studies in the social psychology of intergroup relations.* New York: Academic Press.

Turner, J.C. (1982). Toward a cognitive redefinition oft he social croup. In: H. Tajfel (Hrsg.), *Social identity and intergroup relations* (S.15-40). Cambridge: Cambridge University Press.

van der Vegt, G.S. & van der Vliert, E. (2005). Effects of perceived skill dissimilarity and task interdependece on helping in work teams. *Journal of Managemnet 31 (1),* 73-89.

van Knippenberg, D., De Dreu, C. & Homan, A. (2004). Work group diversity and group performance: An integrative model and research agenda. *Journal of Applied Psychology, 89 (6),* 1008-1022.

Zellmer-Bruhn, M. E., Maloney, M. M., Dhappu, A. D. & Salvador, R. S. (2008). When and how do differences matter? An exploration of perceived similarity in teams. *Organizational Beahvior and Human decision Processes 107,* 41-59.

www.ingramcontent.com/pod-product-compliance
Lightning Source LLC
Chambersburg PA
CBHW070920180526
45168CB00005B/2084